BEI GRIN MACHT SICH IHR WISSEN BEZAHLT

AF144284

- Wir veröffentlichen Ihre Hausarbeit, Bachelor- und Masterarbeit

- Ihr eigenes eBook und Buch - weltweit in allen wichtigen Shops

- Verdienen Sie an jedem Verkauf

Jetzt bei www.GRIN.com hochladen und kostenlos publizieren

Bibliografische Information der Deutschen Nationalbibliothek:

Die Deutsche Bibliothek verzeichnet diese Publikation in der Deutschen National-
bibliografie; detaillierte bibliografische Daten sind im Internet über http://dnb.d-
nb.de/ abrufbar.

Impressum:

Copyright © 2020 GRIN Verlag
Druck und Bindung: Books on Demand GmbH, Norderstedt Germany
ISBN: 9783346189158

Dieses Buch bei GRIN:

https://www.grin.com/document/902470

Julian Behrens

Corona-Krise 2020: Welche rechtlichen Instrumente stehen für Unternehmen zur Verfügung um Liquidität zu sparen?

GRIN Verlag

ESSAY

Corona-Krise 2020: Welche rechtlichen Instrumente stehen für Unternehmen zur Verfügung um Liquidität zu sparen?

FOM Hochschule Essen

Bachelor of Arts (B.A.) - Business Administration

Turnaround Management

SoSe 2020

Julian Behrens
Abgabedatum: 31.05.2020

Inhaltsverzeichnis

Abbildungsverzeichnis

Abkürzungsverzeichnis

Abb.	-	Abbildung
BIP	-	Bruttoinlandsprodukt
COVID-19	-	coronavirus disease 2019; übersetzt ins Deutsche: Coronavirus-Krankheit 2019
EZB	-	Europäische Zentral Bank
HK-Dollar	-	Hongkong-Dollar (Währungsmittel)
i	-	Zins
ifo	-	Leibniz-Institut für Wirtschaftsforschung an der Universität München e.V.
IS	-	Investment-Saving
KfW	-	Kreditanstalt für Wiederaufbau
Kug	-	Kurzarbeitergeld
LM	-	Liquidity preference - Money supply
SGB	-	Sozialgesetzbuch
VW	-	Volkswagen
WSF	-	Wirtschaft Stabilisierung Fond
Y	-	reales Bruttoinlandsprodukt

1

1. Einleitung

Das aktuelle und zur Zeit alles überragende Thema in unserer Gesellschaft und in der Wirtschaftspolitik Deutschlands und der ganzen Welt sind die Bürger und Unternehmen treffenden Auswirkungen der COVID-19 Pandemie. Die Pandemie hat sowohl einen medizinischen als auch einen wirtschaftlichen Schock in Deutschland verursacht, dessen Auswirkungen noch nicht absehbar sind.

Die seit März 2020 initiierten Maßnahmen nach dem Bund-Länder-Beschluss[1] in Bezug auf die Bekämpfung der COVID-19 Pandemie haben erhebliche Auswirkungen auf das gesellschaftliche Leben und die wirtschaftlichen Verhältnisse aller Beteiligten. Sie stoßen nicht nur auf Verständnis, sondern zunehmend auch auf Skepsis und werden dabei als existenzielle Bedrohung empfunden. Die Einführung von Kurzarbeit[2] und die zunehmende Arbeitslosigkeit bei den Arbeitnehmern und eine daraus entstehende finanzielle Schieflage in der Bevölkerung, drohende Insolvenzen bei klein- und mittelständischen Unternehmen und stark fallende Aktienkurse[3] für börsennotierte Unternehmen bringen das allgemeine Leben und die Wirtschaft ins Ungleichgewicht.

Der von der Politik beschlossene und von der Regierung umgesetzte Lockdown (übersetzt ins Deutsche: Ausgangssperre) in Deutschland und weltweit, stellen die Staaten und Regierungen vor schwierige und zum Teil schwer zu vermittelnde Entscheidungen. So geraten Produktionsprozesse, wie zum Beispiel die Just-in-Time-Produktion bei VW, ins Stocken, Produktionen werden komplett eingestellt[4] und eine Vielzahl von Flugunternehmen, zum Beispiel auch die Lufthansa in Deutschland, stehen vor einer drohenden Übernahme[5] sofern keine staatliche Unterstützung durch sogenannte „Rettungsschirme" beschlossen werden.

---

[1] Vgl. https://www.bundesregierung.de/breg-de/themen/coronavirus/corona-massnahmen-1734724, Zugriff am 26.05.2020
[2] Vgl. §§ 95 ff. SGB III
[3] Vgl. https://boerse.ard.de/anlagestrategie/geldanlage/der-crash-2020-hoffnung-auf-einen-milden-verlauf100.html, Zugriff am 26.05.2020
[4] Vgl. https://www.wiwo.de/unternehmen/auto/corona-krise-vw-konzern-stellt-die-produktion-ein/25651754.html, Zugriff am 26.05.2020
[5] Vgl. https://www.manager-magazin.de/finanzen/artikel/lufthansa-volker-bouffier-warnt-vor-heimlicher-uebernahme-a-1306983.html, Zugriff am 26.05.2020

Die COVID-19 Pandemie hat die stärkste Weltwirtschaftskrise nach dem zweiten Weltkrieg und der Finanzkrise 2008 erzeugt. Es gilt die Wirtschaft zu schützen und den einzelnen Branchen gezielt durch individuelle Maßnahmen zu helfen.

Im folgenden Scientific Essay werden genau diese Themen behandelt und die rechtlichen Instrumente zur Einsparung von Liquidität für Unternehmen genauer vorgestellt. Zunächst folgt eine Situationsanalyse, welche den Wirtschaftlichen Stand analysiert und darauffolgend die möglichen Rettungsschirme des Staates und der Banken. Zuletzt wird ein Fazit der gewonnen Ergebnisse gezogen, um die Prognose und Hilfsmittel zu bewerten.

2. Situationsanalyse

Mittels des IS-LM-Modells können die momentane wirtschaftliche Lage sowie wirtschaftliche Handlungen mittels dem Güter-, Geld-, und Finanzmarkt genauer analysiert werden. In Bezug auf die Funktionsweise des Modelles stellt die IS-Kurve das Gleichgewicht auf dem Gütermarkt dar, während die LM-Kurve den Zinssatz der Zentralpolitik und das Gleichgewicht auf den Finanz- und Geldmarkt in der deutschen Volkswirtschaft bestimmt. Der Schneidepunkt beider Kurven stellt das Gleichgewicht beider Märkte dar.

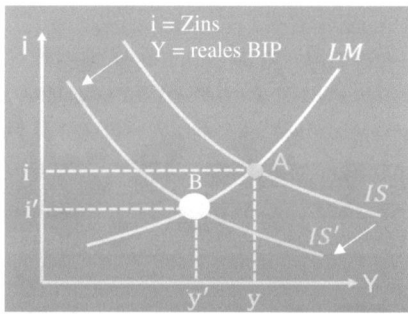

Abb. 1: Verschiebung der IS-Kurve nach links

Durch die Covid-19 Pandemie verschiebt sich wie in der Abb. 1 dargestellt, die IS-Kurve nach links und ein neuer Gleichgewichtspunkt (B) entsteht. Da durch den umgesetzten Lockdown die Produktion von Unternehmen, wie zum Beispiel bei VW und vielen

3

anderen Unternehmen, gestoppt wurde, müssten im Umkehrschluss die EZB, sowie alle anderen Zentralbanken den Zins senken um den Rückgang der Produktion abzufedern. Dies erweist sich jedoch als schwierig, da durch die zum jetzigen Zeitpunkt niedrigen Zinsen kaum Spielraum für eine weitere Zinsherabsetzung besteht. Dazu besteht ebenfalls ein Nachfragerückgang, da durch Kurzarbeit ein fehlendes Einkommen für die Konsumenten besteht und diese durch Sparen Konsumverzicht üben. Als Folge daraus sinkt das reale BIP von Y auf Y'.

Hingegen würde eine Erhöhung der Geldmenge eine expansive Geldpolitik illustrieren und die LM-Kurve würde sich nach rechts verschieben. Dadurch sinkt der Zins und die Investitionen sowie das Volkseinkommen steigen.

Da im Umkehrschluss geldpolitische Maßnahmen nicht mehr greifen, müssen die Staaten nun fiskalpolitisch agieren.

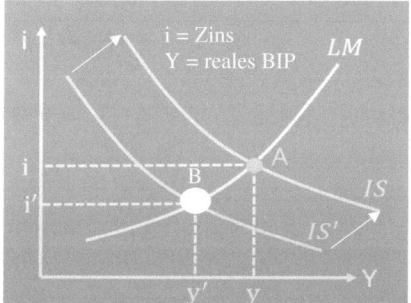

Abb. 2: Verschiebung der IS-Kurve nach rechts

Durch eine mögliche Steuersenkung (Wegfall des Solidaritätszuschlags), um den Haushalten mehr Geld zu Verfügung zu stellen, oder eine Staatsausgabenerhöhung (wie die Abwrackprämie 2008), ist es möglich die IS-Kurve wieder nach rechts in Richtung des alten Gleichgewichtspunktes (A), wie in Abb. 2 dargestellt, zu verschieben. Somit würde der Staat die Nachfrage erhöhen, um den Rückgang der gesamtwirtschaftlichen Produktion zu vermeiden.

4

Dies könnte sich jedoch auf dem Europäische Markt in Ländern wie Griechenland, Spanien und Portugal als kritisch darstellen, da diese erst jüngst durch die Europäische Union mittels Finanzpaketen gerettet wurden.

3. Rettungsschirm des Staates

Ausgehend von den möglichen Szenarien wird vom ifo Institut davon ausgegangen, dass durch die drastischen Maßnahmen die Arbeitslosenquote auf 5,9% und die Kurzarbeiteranzahl auf 2,4 Millionen steigt. Durch die hohen Stabilisierungsmaßnahmen in Höhe von 159 Milliarden Euro führt dies in der Folge zu einem Rekorddefizit, das zu einem Rückgang des BIPs um -4,2% führen könnte.[6]

Jedoch wird für das Jahr 2021 ein Zuwachs von +5,8% BIP[7] prognostiziert. „Deutschland bringt gute Voraussetzungen mit, den wirtschaftlichen Einbruch zu verkraften und mittelfristig wieder das wirtschaftliche Niveau zu erreichen, welches sich ohne die Krise ergeben hätte"[8], wird von Prof. Dr. Timo Wollmershäuser herausgestellt. Dies würde dadurch begründet sein, dass man einen günstigen Verlauf der Epidemie sowie eine zügige konjunkturelle Erholung unterstellt.

Um dies zu fördern, stellt der Staat Hilfsprogramme wie die Corona-Soforthilfen als auch die Aufstockung des Kurzarbeitergeldes zur Verfügung und versucht dadurch die Liquidität für Unternehmen zu bewahren.

3.1. Soforthilfeprogramm Corona

In diesem Programm wird von der Bundesregierung versucht allen Unternehmen abhängig von Unternehmens- und Beschäftigtengröße eine finanzielle Soforthilfe zu gewährleisten. Dadurch wird „(…) für Unternehmen bis zu 5 bzw. 15 Beschäftigten (9.000 €

---

[6] Vgl. https://www.ifo.de/node/54372, Zugriff am 26.05.2020
[7] Vgl. https://www.ifo.de/node/54372, Zugriff am 26.05.2020
[8] https://www.ifo.de/node/54372, Zugriff am 26.05.2020

bzw. 15.000 €) sowie die Erweiterung des Programms durch die Landesregierung bis 50 Beschäftigte 25.000 €)"[9] garantiert. Hiermit wird Unternehmen die generellen Fixkosten (durch zum Beispiel Personal- sowie Mietkosten) als auch variablen Kosten reduziert. Somit besteht die Möglichkeit einer finanziellen Erholung für den durch den Lockdown eingeschränkten Zeitraum.

3.2. Kurzarbeitergeld

Parallel zu dem Soforthilfeprogramm für Corona wurde ebenfalls von der deutschen Regierung die Erhöhung des Kurzarbeitergeldes verabschiedet. Mittels des schon vorgegebenen Kug[10] erhalten die „(…) Mitarbeiter in Kurzarbeit bis zu 60% bzw. 67% des Nettogehaltes."[11]. Die Erhöhung sieht folgende Situation vor: „Ab dem vierten Monat des Bezugs soll das Kurzarbeitergeld für kinderlose Beschäftigte, die derzeit um mindestens 50 Prozent weniger arbeiten, auf 70 Prozent und ab dem siebten Monat des Bezugs auf 80 Prozent des Lohnausfalls erhöht werden."[12]. Ebenfalls werden die Sozialversicherungsausgaben von der Agentur für Arbeit übernommen, dadurch wird eine steuerliche Entlastung geschaffen, die zwar Einbußen des reinen Bruttogehaltes bedeuten, aber weitestgehend erträglich sind.[13]

Mittels dieses Rettungsschirmes wird neben der Hilfe für den Arbeitnehmer auch den Unternehmen in wirtschaftlicher Sicht geholfen. Da Personalkosten unabdingbare Fixkosten sind, fallen diese somit nun teilweise weg und das Unternehmen hat eine spürbare Entastung gleichzeitig garantiert diese Regelung den Erhalt der Arbeitsplätze und den Verbleib der Fachkräfte.

[9] https://www.rosenbaum-nagy.de/2020/04/01/leitfaden-zur-liquiditaetssicherung-in-der-corona-krise/, Zugriff am 26.05.2020
[10] Vgl. §§ 95 ff. SGB III
[11] https://www.rosenbaum-nagy.de/2020/04/01/leitfaden-zur-liquiditaetssicherung-in-der-corona-krise/, Zugriff am 26.05.2020
[12] https://www.bundesfinanzministerium.de/Content/DE/Standardartikel/Themen/Schlaglichter/Corona-Schutzschild/2020-03-19-Beschaeftigung-fuer-alle.html, Zugriff am 26.05.2020
[13] Vgl. https://www.rosenbaum-nagy.de/2020/04/01/leitfaden-zur-liquiditaetssicherung-in-der-corona-krise/, Zugriff am 26.05.2020

4. Rettungsschirm der Banken

Aufgrund des Punktes, dass die EZB, sowie alle anderen Zentralbanken den Zins senken müssten um den Rückgang der Produktion abzufedern, erweist sich dies jedoch als schwierig, da durch die zum jetzigen Zeitpunkt niedrigen Zinsen kaum Spielraum für eine weitere Zinsherabsetzungen bestehen. Die Banken brauchen andere Mittel die in Form von Krediten an die Unternehmen herangetragen werden.

4.1. Corona-Kredite

Die geplanten Sonderprogramme werden durch die KfW für Unternehmen in Zeiten von COVID-19 unterstützt. Somit erhalten die Unternehmen Schnell-Kredite. Laut der KfW gilt dieses Programm für Unternehmen, um „(…) Liquidität zu verbessern und laufende Kosten zu decken (…)"[14]. Es wird versucht, ähnlich zu dem Soforthilfeprogramm Corona, der Regierung, den Unternehmen sofort zu helfen um die Fixkosten abzufedern und die Garantie auf ein Fortbestehen zu sichern. Die Kredite bis 100 Millionen Euro werden mit einem reduzierten Zinssatz in Höhe von 1% bis 2,12% p.a. berechnet, da sich dies sonst für die Unternehmen auf langfristige Zeit nicht rentieren würde.[15] Die Kosten für die Rückzahlung würden ansonsten zwangsläufig die Möglichkeit der Rückzahlung übersteigen und damit verzögert Insolvenzen erzeugen.

5. Einsparungen

Neben den bereits getroffenen Maßnahmen in Form von Rettungsschirmen des Staates und der Banken, müssen zudem auch echte Einsparungsmaßnahmen für die Unternehmen getroffen werden.

---

[14] https://www.kfw.de/inlandsfoerderung/Unternehmen/KfW-Corona-Hilfe, Zugriff am 26.05.2020
[15] Vgl. https://www.kfw.de/inlandsfoerderung/Unternehmen/Unternehmen-erweitern-festigen/Finanzie-rungsangebote/KfW-Unternehmerkredit-Fremdkapital-(037-047)/, Zugriff am 26.05.2020

Hierbei muss von den Unternehmen abgewägt werden ob alle Möglichkeiten der finanzi-ellen Ausschöpfung schon erreicht sind oder ob Einsparung durch mögliche Reserven oder überflüssige Kosten abdingbar sind.

Durch das „Cost Cutting" werden überflüssige Kosten ausgesetzt und nur noch für das Unternehmen relevante unabdingbare Zahlungen getätigt. Hierdurch können sowohl Werbe- als auch Investitionskosten wegfallen, welche jedoch in naher Zukunft bei einer Stabilität des wirtschaftlichen Marktes wieder aufgenommen werden können.

6. Fazit

Da Deutschland eine weltweit führende Exportnation ist und die Gefahr einer globalen Rezession besteht, stellen sich Herausforderungen die momentan noch nicht absehbar sind, beziehungsweise nur vorsichtig geschätzt werden können.

Nächst zu den bereits getroffenen Maßnahmen in Form von Rettungsschirmen des Staates und der Banken, müssen zudem auch echte Einsparungsmaßnahmen der Unternehmen getroffen werden. Hält sich das Unternehmen an den gegebenen Leitfaden zur Liquidi-tätssicherung, kann man davon ausgehen, dass dadurch eine Abwinkung der Insolvenz sowie einer generellen Zahlungsunfähigkeit erfolgt. Hierbei muss das Unternehmen da-rauf achten, sich auf das Kerngeschäft zu konzentrieren und nicht während der Corona-Krise Investitionen oder ähnliches zu tätigen.

Bei den besonders stark betroffenen Branchen wie z. B. Tourismus, Gastronomie, Auto-mobilindustrie und Maschinenbau werden noch längerfristige Hilfsprogramme seitens des Staates notwendig sein.

Allerdings muss auch auf den Arbeitnehmer in der Folge geachtet werden, da durch aus-bleibende Gehaltszahlungen, der vorhandene Doppelschock eine Verschlimmerung der wirtschaftlichen Lage zur Folge hat.

V

Literaturverzeichnis

Betschinger, Simon
(Corona-Boom, 2020): Die Gehälter müssen fließen: 3 Postulate für den Ex-Post-Corona-Boom! <https://aktien-mag.de/blog/kommentare/die-gehalter-mussen-fliesen-3-postulate-fur-den-ex-post-corona-boom/p-35308> (2020-03-14), [Zugriff am 26.05.2020]

(zitiert: Vgl. https://aktien-mag.de/blog/kommentare/die-gehalter-mussen-fliesen-3-postulate-fur-den-ex-post-corona-boom, Zugriff am 26.05.2020)

Bundesregierung
(Corona-Maßnahmen, 2020): Regeln, Einschränkungen und Lockerungen, <https://www.bundesregierung.de/breg-de/themen/coronavirus/corona-massnahmen-1734724> (2020-05-26) [Zugriff 2020-05-26]

(zitiert: Vgl. https://www.bundesregierung.de/breg-de/themen/coronavirus/corona-massnahmen-1734724, Zugriff am 26.05.2020)

Bundesfinanzministerium
(Corona-Schutzschild, 2020): Kurzarbeitergeld in der Coronakrise, <https://www.bundesfinanzministerium.de/Content/DE/Standardartikel/Themen/Schlaglichter/Corona-Schutzschild/2020-03-19-Beschaeftigung-fuer-alle.html> (2020-04-23) [Zugriff 2020-05-26]

(zitiert: Vgl. https://www.bundesfinanzministerium.de/Content/DE/Standardartikel/Themen/Schlaglichter/Corona-Schutzschild/2020-03-19-Beschaeftigung-fuer-alle.html, Zugriff am 26.05.2020)

VI

Göpfert, Angela   (Corona-Crash, 2020): Börsencrash, <https://boerse.ard.de/anlage-strategie/geldanlage/der-crash-2020-hoffnung-auf-einen-milden-verlauf100.html> (2020-03-27) [Zugriff 2020-05-26]

(zitiert: Vgl. https://boerse.ard.de/anlagestrategie/geldanlage/der-crash-2020-hoffnung-auf-einen-milden-verlauf100.html, Zugriff am 26.05.2020)

Ifo-Institut   (Wirtschaftsschock, 2020): Gemeinschaftsdiagnose, <https://www.ifo.de/node/54372> (2020-04-08) [Zugriff 2020-05-26]

(zitiert: Vgl. https://www.ifo.de/node/54372, Zugriff am 26.05.2020)

KfW   (Corona-Hilfe, 2020): KfW-Corona-Hilfe: Kredite für Unternehmen <https://www.kfw.de/inlandsfoerderung/Unternehmen/KfW-Corona-Hilfe/> (2020-05-26), [Zugriff am 26.05.2020]

(Unternehmer-Kredit, 2020): KfW-Unternehmerkredit <https://www.kfw.de/inlandsfoerderung/Unternehmen/Unternehmen-erweitern-festigen/Finanzierungsangebote/KfW-Unternehmerkredit-Fremdkapital-(037-047)/> (2020-05-26) [Zugriff 2020-05-26]

(zitiert: Vgl. https://www.kfw.de/inlandsfoerderung/Unternehmen/KfW-Corona-Hilfe, Zugriff am 26.05.2020)

VII

Reiche, Lutz (Lufthansa-Übernahme, 2020): Ist die Lufthansa ein Übernahme-kandidat? < https://www.manager-magazin.de/finanzen/artikel/lufthansa-volker-bouffier-warnt-vor-heimlicher-uebernahme-a-1306983.html> (2020-05-15) [Zugriff 2020-05-26]

(zitiert: Vgl. https://www.manager-magazin.de/finanzen/artikel/lufthansa-volker-bouffier-warnt-vor-heimlicher-uebernahme-a-1306983.html, Zugriff am 26.05.2020)

Rosenbaum, Dr. Michael; Tillmann, Roman (Liquiditätssicherung, 2020): Leitfaden zur Liquiditätssicherung in der Corona-Krise <https://www.rosenbaum-nagy.de/2020/04/01/leitfaden-zur-liquiditaetssicherung-in-der-corona-krise/, Zugriff am 26.05.2020> (2020-04-01) [Zugriff 2020-05-26]

(zitiert: Vgl. https://www.rosenbaum-nagy.de/2020/04/01/leitfaden-zur-liquiditaetssicherung-in-der-corona-krise/, Zugriff am 26.05.2020)

Seiwert, Martin (Abwrackprämie,2010): Erschreckende Bilanz der Autoverschrottung <https://www.wiwo.de/unternehmen/abwrackpraemie-erschreckende-bilanz-der-autoverschrottung/5707118.html> (2010-12-16), [Zugriff am 26.05.2020]

(zitiert: Vgl. https://www.wiwo.de/unternehmen/abwrackpraemie-erschreckende-bilanz-der-autoverschrottung/5707118.html, Zugriff am 26.05.2020)

Spiegel (Helikoptergeld, 2020): Hongkong gibt jedem Bürger 1300 Dollar <https://www.spiegel.de/wirtschaft/helikoptergeld-hongkong-gibt-jedem-buerger-1300-dollar-a-4629799e-4e94-41c2-a764-a30f1b38f454> (2020-02-26), [Zugriff am 26.05.2020]

(zitiert: Vgl. https://www.spiegel.de/wirtschaft/helikoptergeld-hongkong-gibt-jedem-buerger-1300-dollar-a-4629799e-4e94-41c2-a764-a30f1b38f454, Zugriff am 26.05.2020)

Tönnesmann, Jens   (Doppelschock, 2020): „Die Panik ist gerade riesig", in DIE ZEIT
                           11 (2020), S.24

                           (zitiert: Vgl. *Tönnesmann, J.*, „Die Panik ist gerade riesig", in DIE ZEIT, 5. März
                           2020 S.24)

WirtschaftsWoche   (VW, 2020): Produktionsstopp, < https://www.wiwo.de/unterneh-
                           men/auto/corona-krise-vw-konzern-stellt-die-produktion-
                           ein/25651754.html> (2020-03-17) [Zugriff 2020-05-26]

                           (zitiert: Vgl. https://www.wiwo.de/unternehmen/auto/corona-krise-vw-konzern-
                           stellt-die-produktion-ein/25651754.html, Zugriff am 26.05.2020)